Francis
POULENC

La dame de Monte-Carlo

monologue pour soprano & orchestre

texte de Jean Cocteau

transcription pour soprano & piano

RICORDI PARIS

COMPOSITION DE L'ORCHESTRE

2 Flûtes
2 Hautbois
2 Clarinettes en si^b
2 Bassons
2 Cors en fa
2 Trompettes en ut
　Timbales
1 Batterie
　Triangle
　Castagnettes
　Cymbales
　Tambour de basque
　Glockenspiel
　Harpe

1ers Violons
2^{ds} Violons
Altos
Violoncelles
Contrebasses

Durée approximative 6 minutes 30

à DENISE DUVAL

La dame de Monte-Carlo

MONOLOGUE

pour Soprano et Orchestre

Poème de
JEAN COCTEAU

Musique de
FRANCIS POULENC

Quand on est morte entre les mortes,

Qu'on se traî_ne chez les vi_vants___ Lors_que tout vous flanque à la por_te

Et la fer_me d'un coup de vent, Ne plus ê_tre jeune et ai_mé_e...

R. 2160

2

[1] Derrière u_ne por_te fer_mé_e, Il res_te de se fiche à l'eau

Ou d'a_che_ter un ri_go_lo.___ Oui, messieurs, voi_là ce qui res_te

[2] Pour les lâ _ ches et les sa_lauds. Mais si la frousse de ce ges_te

S'attache à vous comme un gre_lot,___ Si l'on craint de s'ouvrir les vei_nes,

céder

On peut toujours   risquer la vei_ne   D'un voy_age   à Monte-Car_lo

céder

3   Mon_te-Car _ lo,   Mon_te-Car _ lo.

J'ai fi _ ni   ma jour_né _ e.   Je veux dormir au fond de l'eau De la

4

On prend sa carte au ca_si_no._____ Voy_ez mes plumes et mes voi _ les,

Contemplez le strass de l'é_toi _ le Qui me mène à Monte-Car_lo.

La chance est fem _ me. Elle est ja_lou _ se

Et ils m'ac _ cu _ sent d'ê _ tre sa _ le, De por _ ter malheur dans leurs sal _ les,

10

Dans leurs sa _ les sal _ les en stuc. Moi qui au _ rais donné mon truc A

l'œil, au prince, à la princes _ se, Au Duc de West _ min _ ster,

au Duc, Par_fai_tement. Faut que ça ces_se,

Qu'ils me cri_aient,vo_tre bou_lot!_____ Yo_tre boulot!...

Ma dé_couver_te. J'en pri_ve_rai les ta_bles ver_tes. C'est bien fait

pour Mon _ te - Car _ lo. _____ Mon _ te-Car _ lo.

Très lent

12 **Reprendre peu à peu le mouvement**

Et maintenant, moi qui vous par _ le, Je n'avouerai pas les ki _ los que j'ai per _

céder   *à l'aise*

_ dus à Mon _ te-Car _ le, Mon _ te-Car _ le ou Mon _ te-Car _ lo.

14

que l'angois_se trempe dans l'eau.   Ils peuvent courir.   Pas si bê_te.   Cet_te

nuit je pique u_ne tê_te   Dans la mer   de Mon_te   -   Car _ lo.

Monte-Car _ lo.

Monte-Carlo
Avril 1961

R. 2160